I0786757

Maxime Du Camp

Deux Hommes de bien

La Fondation des frères Galignani

Le code de la propriété intellectuelle du 1er juillet 1992 interdit en effet expressément la photocopie à usage collectif sans autorisation des ayants droit. Or, cette pratique s'est généralisée dans les établissements d'enseignement supérieur, provoquant une baisse brutale des achats de livres et de revues, au point que la possibilité même pour les auteurs de créer des œuvres nouvelles et de les faire éditer correctement est aujourd'hui menacée. En application de la loi du 11 mars 1957, il est interdit de reproduire intégralement ou partiellement le présent ouvrage, sur quelque support que ce soir, sans autorisation de l'Éditeur ou du Centre Français d'Exploitation du Droit de Copie , 20, rue Grands Augustins, 75006 Paris.

ISBN : 978-1721734184

10 9 8 7 6 5 4 3 2 1

Maxime Du Camp

Deux Hommes de bien

La Fondation des frères Galignani

Table de Matières

INTRODUCTION.

Il y a longtemps, — cinquante-cinq ans au moins, — je me promenais, aux environs de Saint-Germain, avec Louis de Cormenin et son père. Timon, silencieux, selon sa coutume, la tête inclinée, nous accompagnait pendant que nous parcourions la route en jouant à saute-mouton. Il s'arrêta tout à coup devant une vaste maison environnée d'un jardin clos de murs : Maison à louer. Il demanda à la visiter, et nous entrâmes avec lui. J'ai le souvenir d'une grande construction divisée par des corridors sur lesquels s'ouvraient des chambres carrelées ; cela ressemblait à une caserne ou à un hospice abandonné. Des terrains plantés de vieux arbres l'entouraient ; un puits, surmonté d'une ferronnerie assez compliquée, s'élevait dans le coin d'une cour garnie de pavés. Nous suivions Timon, qui examinait toute chose avec soin et ne disait mot. Lorsque cette sorte d'inspection, à laquelle nous ne comprenions rien, fut terminée, il donna un pourboire au portier, puis, reprenant sa marche lente, il se tourna vers nous et nous dit : « Ils seraient là très bien, en bon air, dans le voisinage d'une ville pleine de ressources et en marge d'une des plus belles forêts qui existent. — Qui ça ? — Les écrivains pauvres et affaiblis par l'âge ; il n'en manque pas, mais il leur manque une maison de retraite où ils puissent vieillir à l'abri du besoin, et qu'un gouvernement intelligent devrait leur ouvrir. » Nous écoutions, sans trop nous rendre compte des paroles prononcées par cette voix profonde, qui est une des plus sonores que j'aie entendues.

Timon parla longtemps, car cet homme d'une extrême timidité, que la tribune rendait muet, retrouvait dans la conversation la hardiesse qu'il avait la plume en main et se montrait souvent un causeur de haute volée. Il nous expliqua, — et, cette fois, nous le comprîmes, — que l'existence de l'homme de lettres était, alors bien plus qu'aujourd'hui, — exposée à des aléas qui la faisaient pénible, qu'elle s'écoulait au jour le jour, sans sécurité pour le lendemain, soumise au bon vouloir ou à l'arbitraire des directeurs de journaux et des éditeurs ; que, dans ces conditions presque générales, — il citait des exemples parmi les auteurs les plus connus de l'époque, — l'on ne parvenait à l'épargne qu'avec des difficultés qui la rendaient presque impossible, ou du moins si médiocre qu'elle en restait illusoire ; dès lors, nul repos procuré à la vieillesse, qui serait de vie incertaine et chargée d'inquiétudes. Les plus heureux seraient ceux qui auraient obtenu quelque fonction contradictoire à leurs goûts, souvent incompatible avec leur nature, mais qu'ils subiraient par nécessité et pour ne pas mourir de faim.

Timon fut éloquent ; il connaissait bien ces misères, qu'il détaillait avec émotion, car il les avait fréquemment secourues. Plusieurs fois il répéta : « Il faut faire quelque chose pour eux. » Puis, baissant la voix et comme se parlant à lui-même, il ajouta : « Si j'étais millionnaire, j'installerais une maison de retraite, où ils trouveraient le pain quotidien et où une bonne bibliothèque leur donnerait, la nourriture de l'esprit. Là ils pourraient se recueillir et songer aux chefs-d'œuvre qu'ils n'ont jamais eu le temps de faire. » Il hocha la tête, leva les épaules, dit : « Bast ! c'est un rêve ! » et retomba dans le silence qui lui était habituel.

Ce rêve est aujourd'hui réalisé ; il a pris corps et m'a remis en souvenir le vœu que Timon formula devant moi, aux jours de mon enfance. La maison de retraite existe, grâce à M. William Galignani, qui l'a fondée par testament, en son nom et en mémoire de son frère Anthony, avec lequel il a vécu dans une communauté de sentiments que rien n'a jamais altérée.

I. — LES FRÈRES GALIGNANI.

Ils datent tous deux du siècle dernier, 1796 et 1798, et sont nés à Londres, appartenant ainsi à la patrie de leur mère, qui était Anglaise. Leur père, originaire de Brescia, était un polyglotte d'autant plus remarquable qu'en son temps la connaissance des langues vivantes était peu répandue ; il vint à Paris, s'y établit et y fonda, en 1808, une revue mensuelle : le *Répertoire de la littérature et des sciences anglaises*. En 1808, au moment où l'Autriche et l'Espagne se résignent à adhérer au blocus continental, à l'heure où Napoléon Ier intervient, — c'est le mot poli, — dans les affaires d'Espagne, et où le cabinet de Saint-James prépare, en la soudoyant, la cinquième coalition, qui doit mettre la France en armes une année plus tard et se terminer par la bataille de Wagram, à l'instant où la haine entre les rivaux séculaires est plus intense que jamais, publier un recueil écrit en anglais, ne parlant que de choses anglaises et les faisant valoir, c'était hardi jusqu'à l'imprudence, et je doute que le *Repertory* ait eu grand succès. En 1814, l'Europe, après vingt-deux ans d'une lutte sans répit, entra enfin dans une période d'apaisement que le retour de l'Ile d'Elbe devait momentanément interrompre. Quelque liberté était promise au pays harassé de combats et saturé de gloire militaire ; les discussions législatives passionnaient le public, la diplomatie s'efforçait de rapprocher des nations si longtemps hostiles les unes aux autres ; une parole moins asservie était rendue aux journaux. Galignani estima que l'heure était propice et il fit paraître un journal tri-hebdomadaire auquel il donna son nom : *the Galignani's Messenger.*

Il mourut, je crois, en 1821, car c'est à cette époque que je vois ses fils, John-Anthony et William, prendre la direction de leur *Messager*, le rendre quotidien et lui donner l'importance qu'il, conserve encore aujourd'hui. L'aîné des frères était resté Anglais ; William, le plus jeune, avait été naturalisé Français, symbolisant ainsi la politique qu'ils ont toujours imperturbablement suivie et qui tendait à cimenter une alliance durable entre la France et l'Angleterre. On peut dire, sans forcer la vérité, que leur journal a été l'agent le plus constant, le plus énergique de ce que l'on nommait « l'entente cordiale, » qui, dans plus d'une circonstance, adoucit des prétentions et atténua des ressentiments où les deux nations, si longtemps adverses, auraient pu trouver motif à des conflits redoutables. Jamais les frères Galignani ne se sont départis de leur esprit conciliant, même lorsque dus notes aigrelettes étaient échangées entre notre ministère des affaires étrangères et le Foreign-Office. Toujours on les retrouve semblables à eux-mêmes, prêchant la concorde, éclairant les combinaisons sournoises et débrouillant le fil entortillé des malentendus. Ni lors de la question d'Orient (1840), de l'indemnité Pritchard (1844-45), des mariages espagnols (1847). ni lors de 'l'incident dom Pacifico (1850), ni même en 1858, lorsque, après l'attentat d'Orsini, on reproduisit dans *le Moniteur universel,* alors journal officiel de l'empire, des adresses intempestives qui auraient dû être mises au carton et ne jamais être livrées à la publicité ; dans aucune circonstance, en un mot, ce que l'on pourrait justement appeler leur double patriotisme ne fut en défaillance. Ce sentiment fut l'âme de leur vie, le guide de leur conduite, et reçut la plus haute récompense, pendant la guerre de Crimée, lors de cette alliance intime qui permit à la France, combattant à Inkermann et enlevant d'assaut la tour Malakoff, de prendre une chevaleresque revanche de Waterloo.

Propriétaires, inspirateurs d'un journal dont l'opinion fut souvent consultée, les frères Galignani exploitaient, en outre, une librairie qui centralisait les principaux ouvrages publiés par les éditeurs anglais. Il faut croire que cette double opération, à la fois politique et commerciale, était menée avec intelligence, car elle apporta à ceux qui la dirigeaient une fortune sérieuse, où la bienfaisance et la générosité ont puisé à pleines mains sans la tarir. Les deux frères étaient devenus Français, non pas seulement en vertu des lettres de naturalisation accordées avec empressement à l'un d'eux, mais par goût, par pénétration des mœurs, par infiltration des habitudes et surtout par tendresse pour une nation douée, malgré ses défauts superficiels, de vertus supérieures qui l'ont aidée, en plus d'une occurrence néfaste, à faire preuve d'une vitalité dont ses adversaires ont été stupéfaits. Donc, ils aimaient la France et ils le lui ont prouvé, car c'est à elle qu'ils ont légué l'héritage de bonté prévoyante qu'ils laissaient derrière eux. Ils habitaient avec prédilection, depuis 1827, une maison de campagne à Étioles, dont William était maire ; aussi, dans ses dispositions suprêmes, celui-ci n'oublia pas le pays où il avait passé d'heureuses années ; la commune de Corbeil en sut quelque chose et ne s'est point montrée ingrate, car on peut voir, auprès de l'hôtel de ville, se dresser la statue des frères Galignani dans un square auquel on a donné leur nom. Ce monument commémoratif, témoignage d'une reconnaissance justifiée, a été élevé par la seule initiative privée et est le produit d'une souscription publique : hommage touchant d'une population qui avait apprécié le grand cœur de deux hommes de bien. La double image en marbre, due au ciseau de M. Chapu, s'élève au-dessus d'un piédestal chargé d'une inscription qui, toute brève qu'elle est, raconte une existence enviable et n'énumère que de bonnes œuvres : « A Antoine et William Galignani, la ville et l'arrondissement de Corbeil reconnaissants. — 1886, hôpital ; hospice Galignani. — 1875, écoles de filles et asiles. — 1877, orphelinat. — 1873-1883, legs aux établissements hospitaliers. » S'il y avait des saints laïques, de tels bienfaiteurs devraient être canonisés.[1]

La description des établissements secourables installés dans le département de Seine-et-Oise ne peut entrer dans notre cadre ; il suffit de les avoir indiqués avant d'arriver à l'objet principal de cette étude ; la simple énumération démontre que nulle misère n'a échappé à la sollicitude des frères Galignani. Grâce à eux, pour la première fois depuis que l'on fait des fondations charitables, on a pensé aux lettrés, à ceux que le langage prétentieux des professions de foi des candidatures législatives de l'année 1848 nommait « les ouvriers de la pensée, » afin de ne rien envier aux ouvriers référendaires à la cour des comptes ou aux ouvriers avocats à la cour de cassation. La mode était alors à ces sornettes. Passons ; nous en avons vu et nous en verrons bien d'autres. Au cours de leur existence, au bureau de rédaction de leur journal, à leur librairie, dans leurs relations quotidiennes avec les écrivains, les artistes, les libraires, les imprimeurs, ils avaient été souvent frappés de la mauvaise fortune à laquelle de telles professions sont exposées. Ils avaient été les témoins de luttes parfois stériles et prolongées. Sans doute, ils avaient reçu des confidences, écouté des plaintes et y avaient libéralement compati. Ils avaient reconnu que ce n'est pas toujours celui qui a semé le blé qui en retire la plus grosse mouture. L'injustice blesse les cœurs généreux, aussi avaient-ils conservé de ceux qui avaient été, en quelque sorte, leurs collaborateurs, un souvenir de commisération d'où naquit l'œuvre à laquelle leur nom reste désormais attaché.

William Galignani survécut à son frère ; mais j'imagine que, dans l'intimité de leurs causeries, ils avaient assez fréquemment échangé leurs opinions pour savoir, l'un et l'autre, quelles devaient être leurs volontés dernières et comment elles seraient formulées pour venir au secours des infortunes qu'ils avaient côtoyées et soulagées. Ce fut donc William qui rédigea le testament holographe prescrivant les bonnes actions auxquelles il associait le nom de son frère, comme si celui-ci, encore vivant, eût été près de lui pour dicter l'expression de ses intentions suprêmes. Elles sont fort belles, ces dispositions, à la fois larges et prévoyantes, empreintes d'humanité et animées, — sans que le mot soit prononcé, — d'un souffle de

____

1 L'inauguration solennelle du monument consacré à la mémoire des frères Galignani a eu lieu à Corbeil le dimanche 12 août 1888.

gratitude pour ceux dont ils avaient utilisé le talent ou l'industrie. William Galignani avait gardé le secret de sa bienfaisance, qui ne fut dévoilé qu'après son décès, survenu le 11 décembre 1882. On sut alors à quel emploi il destinait une partie de sa fortune, et il y eut plus d'un vieux lettré, plus d'un vieil artiste qui se reprit à espérer. Le legs était fait, à l'Assistance publique et m'est pas de mince valeur : un terrain de. 7,169 mètres situé à Neuilly ; deux immeubles sis à Paris, l'un rue Neuve-des-Petits-Champs, l'autre rue de l'Échiquier, d'un produit net et annuel de 77,000 francs ; plus une rente de 70,000 francs placée à 5 pour 100, que la conversion du 5 pour 100 en 4 1/2 a réduite à 63,000. Les conditions imposées à la légataire, et qu'elle a strictement exécutées, feront connaître l'économie de la fondation dont nous avons à parler.

Sur le terrain légué, une maison de retraite sera construite assez ample pour contenir cent pensionnaires et tous les services accessoires qui sont nécessaires à leur entretien et à leur bien-être. « Je veux que chaque personne ait une chambre particulière à feu avec un cabinet y attenant, repas en commun pour chaque sexe, et qu'il y ait dans l'établissement une chapelle et une salle de lecture avec bibliothèque. » Pour être admis dans la maison, il faut être âgé d'au moins soixante ans, n'avoir pas de moyens d'existence suffisants, « être très respectable et de très bonne moralité. » Selon le vœu du testateur, les pensionnaires sont divisés en deux catégories que j'appellerai administratives ; à cet égard sa volonté est formulée d'une façon très nette : « Chaque personne devra payer une pension annuelle de 500 francs, fournir son mobilier et prendre à sa charge les frais personnels d'éclairage et de chauffage. Toutefois je veux que, compris dans ce nombre de cent personnes, il y ait cinquante admissions gratuites et toujours renouvelables, au fur et à mesure des décès, en faveur des personnes dans les conditions sociales suivantes : » Dix anciens libraires ou imprimeurs français désignés par le Cercle de la librairie et de l'imprimerie ; — vingt savants français nommés par la Société des Amis des sciences que fonda le baron Thénard ; — dix écrivains et dix artistes français élus, — c'est le vrai mot, car l'on vote, — par l'Académie française et l'Académie des Beaux-Arts. Le testateur a toutes les délicatesses des âmes élevées, car il ajoute : « Ces nominations devront être mentionnées dans les rapports publiés par ces sociétés, les noms pouvant n'être

indiqués que par des initiales. » Le bienfait s'étend non-seulement à ceux qui ont exercé la profession, mais à leur mère, à leur veuve, à leurs enfants ; c'est, en un mot, toute la famille qui peut participer aux immunités de cette œuvre excellente.

En lisant ce testament, mes souvenirs se sont réveillés et j'ai fait un retour pénible sur bien des faits douloureux dont j'ai été le contemporain. Je me suis rappelé certains compagnons de la mêlée littéraire, certains artistes qui avaient laissé couler leur existence sans soucis ni prévisions, que l'âge a saisis, a poussés vers la pauvreté et qui ont achevé, dans l'angoissé du lendemain, des jours qui n'avaient pas été heureux. J'en ai trouvé dans les hospices réservés à la vieillesse et même au dépôt de mendicité de Villers-Cotterets, où un ancien chansonnier de goguettes, infirme et caduc, me chantait, d'une voix chevrotante, les couplets dont ses amis, au temps de la jeunesse, reprenaient le refrain en chœur. Ces chutes irrémédiables, jusque dans les bas-fonds, deviennent de plus en plus rares, mais jadis, elles étaient fréquentes, surtout lorsque sévissait l'abominable décret du 17 février 1852 qui permettait à un ministre et à des préfets d'avertir les journaux, de les interdire pendant un nombre de jours déterminés, et même de les supprimer : dans ce dernier cas, il fallait un décret impérial qui n'était pas souvent refusé. Que ces mesures odieuses aient réduit bien des gens de lettres à de dures extrémités, nul n'en sera surpris ; mais, en haut lieu, on ne s'en souciait guère. A cette époque où le nombre des journaux que l'on tolérait était singulièrement restreint, plus d'un écrivain, grelottant la fièvre de misère, a dormi sur le lit des hôpitaux ; plus d'un, vieilli, sans ressources, ne pouvant s'en procurer faute de « débouché, » a souffert de bien des sortes avant de mourir dans sa mansarde. Oui, j'ai connu quelques-uns de ces infortunés ; je les ai accompagnés à leur dernière demeure, et c'est à eux que j'ai pensé devant la maison de retraite que le testament de William Galignani trop tard a fondée pour eux. Ils sont morts depuis longtemps ; le linceul de l'oubli les enveloppe, je ne le soulèverai pas et je ne prononcerai pas leur nom.

Il paraît qu'en notre pays de progrès et d'activité les formalités administratives se hâtent avec lenteur : *festina lente* ; car c'est seulement à la date du 18 février 1884 qu'un décret présidentiel autorisa l'Assistance publique à accepter, aux clauses et conditions prescrites, le legs fait au nom des frères Galignani. Il semble que William ait tout prévu ; car, dans un codicille, il avait désigné les deux architectes, MM. Délaage et Véra, qui devaient être chargés des constructions ; ils se mirent à l'œuvre, et l'on peut convenir qu'ils ont été à la hauteur de leur tâche. Peut-être serait-on tenté de leur reprocher d'avoir rejeté la maison au fond du jardin, mais ils ont dû subir une servitude commune à toutes les propriétés du boulevard Bineau, servitude qui interdit de bâtir ; à moins de. 20 mètres de la voie publique. Le nom des architectes, pris en. dehors du personnel administratif, m'a expliqué pourquoi je n'ai aperçu, dans le matériel des bâtiments, ni les pierres meulières ni les tuiles jaunâtres chères à la préfecture de la Seine, tristes aux yeux lorsque la poussière, délayée par la pluie, les a revêtues d'un ton grisâtre qui donne à tous les édifices municipaux une apparence de prison déplaisante et déplacée. Non-seulement les architectes ont tiré bon parti du terrain, — très régulier, du reste, — qui leur était livré, non-seulement, comme nous le verrons plus tard, ils ont ingénieusement distribué la maison pour la plus grande commodité de ceux qui l'habitent et qui la desservent, mais ils ont fait preuve d'une extrême économie, comme s'ils avaient compris que toute dépense superflue porterait préjudice aux vieillards hospitalisés, dont elle diminuerait le revenu. Le prix des constructions ne s'élève pas à 700,000 francs, ce qui paraît peu en rapport avec leur étendue, leur ampleur et leur solidité ; l'ameublement, qui est très convenable sans être luxueux, a coûté 134,000 francs. Donc, cette vaste maison, bien aménagée, bien outillée, contenant cent pensionnaires largement logés, le personnel d'administration, les sœurs, les gens de service, est revenue, les clés sur la porte, à 850,000 francs. Ce n'est pas cher, et je connais d'autres fondations hospitalières qui n'ont point été élevées à si peu de frais. La gestion du bien des pauvres implique l'économie et même la parcimonie, je le sais et je me contente de constater que, cette fois encore, on a été fidèle à un principe imprescriptible. Les dépenses nécessitées par les constructions et l'acquisition du mobilier une fois soldées, la maison de retraite reste propriétaire d'un revenu évalué environ à 132,000 fr., sur lesquels, — si j'ai bien compris certaines instructions ministérielles, — un neuvième doit être capitalisé tous les ans, pour faire face à des obligations futures ; car, tout solide que soit l'édifice, il est sujet à l'action du temps, il est exposé aux avaries et exigera plus tard des réparations pour lesquelles l'épargne agit sagement de se réserver dès aujourd'hui.

Le legs Galignani, dont on vient de mesurer l'importance, a, selon nous, une valeur morale exceptionnelle, car il vise une catégorie de personnes peu accoutumées, jusqu'à présent, aux largesses des bienfaiteurs, et, plus que d'autres peut-être, exposées aux avanies intimes de la vieillesse indigente, à cet état, parfois impitoyable, qui constitue celui des « pauvres honteux, » de ces hommes auxquels s'impose un extérieur encore acceptable et dont le vêtement ne s'acquiert qu'aux dépens de l'estomac. Par suite des fonctions qu'ils ont exercées pendant leur vie active et de la culture qu'ils ont donnée à leur esprit, ils ne conçoivent qu'avec horreur l'entrée dans les hospices publics ; ils ne s'y résignent qu'à la dernière extrémité, lorsque la faim les force à la subir comme la pire, comme la plus désespérante des nécessités. Pour quelques-uns de ces malheureux, la maison Galignani est ou sera l'étape du repos et du bien-être ; là ils pourront reprendre courage, réparer leurs forces et calmer leurs angoisses avant la halte suprême qui met fin au voyage décevant de l'existence. Ils mourront apaisés, sinon consolés, dans la retraite que des hommes généreux leur ont préparée et que nous allons visiter pour en étudier l'aménagement, la règle et le bienfait.

II — LA MAISON DE RETRAITE.

C'est toute une ville nouvelle qui s'élève, entre les fortifications et la Seine, là où j'ai connu jadis le parc de Neuilly, cher à Louis-Philippe. Le château, comme l'on disait alors, n'avait rien de majestueux, c'était une élégante maison de plaisance qui semblait trop étroite pour la nombreuse famille du roi et qui était entourée de pavillons où l'on avait installé les services indispensables aux habitudes d'un souverain. C'était en quelque sorte l'emblème de la royauté bourgeoise, que l'on avait tenté d'établir en France après les journées de juillet et l'expulsion des Bourbons de la branche aînée. La révolution de février ne fit qu'une flambée de la demeure où le vieux roi aimait à se reposer et à vivre dans l'intimité des siens. Dès le 25 février, « le peuple juste et calme dans sa force et dans sa majesté, » se sentant altéré par sa victoire, se dit que l'on trouverait dans les caves royales du vin gratis et à discrétion. On a dû boire beaucoup : « à la mort du tyran et à l'avènement de l'ère nouvelle ! » car il a été constaté officiellement que le 24 février 1848, les celliers du château contenaient 90,000 bouteilles et 1,200 fûts ; le 26, il ne restait que 600 fûts et 160 bouteilles. L'ivresse engendre la gaîté et il était naturel de célébrer le triomphe populaire par un feu de joie. A l'aide des meubles, de la literie et des tentures, on construisit une sorte de bûcher que l'on alluma ; l'incendie gagna le château qui fut détruit, ensevelissant sous ses décombres quelques buveurs qui dormaient pour se délasser de leurs fatigues et qui eurent le sommeil trop lourd. On en jasa dans le premier moment, puis on n'en parla plus et il n'en fut que cela. En quoi la destruction de la maison de Neuilly contribua-t-elle au bonheur du peuple et à la gloire de la seconde république ? c'est là un point d'histoire moderne qui n'a pas encore été élucidé.

Le décret du 22 janvier 1852, prononçant la confiscation des biens de la famille d'Orléans, mit le parc de Neuilly à l'encan : on le vendit à l'écorché, et à travers les massifs d'arbres qui étaient admirables, on a tracé des avenues, des rues et des boulevards. Les moellons et les pierres n'ont pas encore tout envahi. La ville future naît, on la voit grandir, mais elle est jeune et reste couchée dans un lit de verdure. Les jardins tiennent plus de place que, les maisons ; au printemps, les frondaisons nouvelles, à la fois joyeuses et discrètes, donnent à ce quartier une apparence de calme, et de bonne santé dont il est difficile de n'être point frappé lorsque l'on sort du tumulte de Paris. C'est un état transitoire ; il faut se hâter d'en jouir, car il ne peut se prolonger ; la spéculation le menace et ne tardera pas à le faire disparaître. Partout des écriteaux : Terrains à vendre, terrains pour construction, et des poteaux, des jalons indicateurs, voies projetées ; les ombrages seront remplacés par des bâtiments à cinq étages avec sous-sols, eau, gaz, ascenseur et calorifère ; c'est ainsi que procède la civilisation, et je me doute bien de ce que l'hygiène en pense ; chaque fois qu'un arbre tombe dans une ville trop peuplée, cela équivaut à un meurtre et parfois même à une épidémie. On a beau multiplier les squares, ils ne remplaceront jamais la ceinture de forêts qui devrait enserrer toute capitale et lui verser l'oxygène, la force et la santé.

Au-delà de l'avenue de Villiers la bien bâtie, au-delà des fortifications, sillonnées de sentiers arbitraires tracés au hasard des piétons, laides et comme désolées, s'ouvre le boulevard Bineau, qui, sur le terrain de la zone militaire, n'offre que des masures en planches et en torchis, guinguettes peu affriolantes, et cabarets où s'étiole un arbre qui figure le bosquet annoncé sur l'enseigne. C'est déplaisant et d'un aspect lépreux qu'attriste encore le bruit monotone d'une école de tambours battant la caisse au fond des fossés où des vagabonds alourdis dorment étendus sur le ventre. Tout de suite après cet emplacement terne et lamentable à voir, commence le boulevard proprement dit. Il est magnifique, bordé de jardins, et s'en va, sous une double rangée d'arbres, jusqu'aux berges de la Seine, en face de l'île de la Grande-Jatte. On dirait un domaine ombreux taillé en pleine campagne, parsemé de villas où l'existence doit être paisible et le repos profond. Je me figure ainsi une cité de philosophes revenus des vanités de ce bas monde, amoureux de retraite, rêveurs, vivant de leurs souvenirs et fermes dans leurs espérances. Impression superficielle, je le sais, mais que l'on subit, que l'on savoure, pour ainsi dire, quoique l'on sache que la mauvaise fortune humaine ne perd jamais ses droits. Il n'est pas jusqu'à l'appellation de certaines rues qui n'évoque l'idée des choses de l'esprit et des études pacifiques. La commune de Neuilly n'a pas oublié un de ses plus illustres enfants ; elle a été bien inspirée et a fait acte de justice en donnant le nom de Chézy à l'une des voies traversant le boulevard Bineau ; celui-qui a inauguré en France l'étude du sanscrit méritait cet honneur et je regrette que, pour compléter l'hommage qui lui était dû, le nom de Sakountala n'ait pas été attribué à quelque place voisine.

Les terrains sont sans doute restés à bas prix pendant longtemps, car je vois, près les uns des autres, des établissements qui ont l'habitude, sinon la nécessité, de chercher l'économie en toute chose : voilà le magasin général des décors de la Comédie Française ; puis une église anglicane, d'une architecture gothique moderne qui n'est point pour plaire ; à côté, une maison où les jeunes Anglaises peuvent séjourner en attendant qu'elles aient trouvé condition à Paris ; plus loin, un hôpital libre protestant et enfin la maison de retraite Galignani, dont nous avons à nous occuper, et qui est installée dans des conditions hygiéniques exceptionnellement favorables. Ni l'air ni le soleil ne lui sont ménagés ; elle brille en pleine lumière dans l'éclat de sa nouveauté ; les ombrages lui manquent encore, car les plantations sont récentes et les marronniers n'ont pas atteint l'âge des cimes épaisses ; mais elle participe aux arbres du boulevard dont elle n'est séparée que par une grille. Un jardin bien dessiné, qui a déjà ses fleurs, ses arbustes et son gazon, s'étend devant les bâtiments d'habitation d'où l'on peut suivre le mouvement peu animé de la voie publique.

Deux vastes ailes à trois étages, destinées aux pensionnaires, sont reliées par un corps de logis où l'on a réuni les différents services nécessaires à une grande administration ; en avant et assez proche de la grille d'entrée s'élèvent deux pavillons ; l'un contient un fumoir, l'autre est réservé au concierge ; un peu plus loin s'ouvre l'appartement de l'économe, qui relève hiérarchiquement du directeur de l'hôpital Beaujon.

La blancheur des bâtiments, la verdure encore un peu pâlotte de l'herbe qui pousse, les allées récemment sablées, la peinture toute fraîche des bancs et de la ferronnerie donnent à l'ensemble un air de bonne humeur qui disparaîtra peut-être lorsque le temps aura noirci les murs et terni le luisant des ardoises. La maison de retraite et ses dépendances sont séparées des propriétés voisines par un mur que tapissent des lierres et que longe un chemin qui, malgré de jeunes arbres, ressemble un peu trop au chemin de ronde d'une prison. Cette impression s'impose et n'est pas atténuée par la vue d'une basse construction en briques sombres ; et que l'on dirait en deuil. C'est la chambre des morts. Il est rare que les pensionnaires viennent se promener de ce côté ; ce *memento mori* ne les attire pas, et la promesse de l'éternel repos ne les séduit guère. Qu'ils fassent comme Goethe, et que sur le cadran de leur montre, ils écrivent : *memento vivere*.

Je me débarrasserai tout de suite d'une critique, — la seule, — que je dois adresser à cette maison, qui est de haute valeur pour ceux qu'elle a accueillis. La cuisine est vaste, bien outillée d'ustensiles en cuivre que j'aurais voulu voir remplacés par des ustensiles en 1er émaillé, que le vert-de-gris ne peut atteindre, et toujours sains, lorsqu'on ne les malmène pas trop. Elle est largement éclairée, munie de fourneaux imposants, accostée de resserres, d'éviers, de cabinets pour laver la vaisselle ; l'eau y abonde ; à l'œil elle est irréprochable, mais à l'odorat elle est défectueuse, car elle est ventilée d'une façon insuffisante. Il en résulte qu'elle sent mauvais, que l'atmosphère en est lourde, qu'elle est plus chaude qu'il ne convient et qu'elle répand dans les salles voisines une déplaisante odeur de graillon. Pendant l'été, on lutte, jusqu'à un certain point, contre cet inconvénient en établissant un courant d'air dans le long couloir qui précède cette partie des bâtiments, mais en hiver, dans un asile consacré à des vieillards, il y aurait danger à ne pas tenir les portes closes, et l'on en est réduit à respirer partout le relent des graisses tombées dans le feu. Tout a été trop soigné, trop bien prévu dans chaque détail pour que l'on ne porte pas remède à cet état de choses, qui est pénible pour les employés comme pour les pensionnaires, et qui étonne dans une maison irréprochable à tous autres égards. Un bon ventilateur purgeant la cuisine de l'air épais dont elle est imprégnée, — pour ne pas dire infectée, — me paraît être un objet de première nécessité ; ce serait vraiment faire acte d'assistance que d'en doter l'établissement dû à la libéralité des frères Galignani.

A côté de la cuisine et près de la paneterie s'ouvre la salle à manger, très grande, puisqu'elle doit recevoir cent personnes qui y prennent commodément leur repas. On a renoncé, — et l'on a bien fait, — à la table en fer à cheval usitée dans les maisons hospitalières. Là rien de pareil ; dix tables rondes autour de chacune desquelles dix pensionnaires peuvent s'asseoir ; pas de nappes, mais du marbre blanc qu'un coup d'épongé a promptement nettoyé, système excellent qui évite la vue toujours désagréable du linge chiffonné, parfois maculé de vin ; les couverts sont en ruolz, les assiettes en porcelaine, la verrerie est en cristal de bonne qualité ; donc rien qui sente l'hospice, ni même les pensions bourgeoises de catégorie inférieure. Dans l'ameublement comme dans l'outillage, l'administration semble s'être ingéniée à rappeler les jours d'aisance que l'on a connus jadis et que sans doute l'on regrette lorsque l'on fait en retour vers le passé. Bien des petits rentiers n'ont point un semblable aménagement et envieraient cette propreté, ce confortable, qui, pour eux, serait du luxe. A voir les serviettes roulées, déposées à la place même de chaque pensionnaire, un observateur pourrait faire des remarques intéressantes : ronds en perles, en ivoire, en buis, en métal ; ficelle, fragments de laine à tapisserie, simple épingle ; de tout cela on pourrait tirer des inductions où la psychologie trouverait son bénéfice.

Une belle salle à manger, c'est bien ; de bons repas, c'est mieux. J'ai recueilli les menus, et l'on va pouvoir les apprécier. On se nourrissait mieux chez Lucullus, je n'en doute pas ; mais les pensionnaires doivent reconnaître, s'ils sont de bonne foi, que la veille de leur entrée à la maison de retraite, leur dîner ne ressemblait guère à celui qu'on leur offre aujourd'hui. Les mets ont de la variété ; variété administrative, il est vrai, par conséquent limitée, mais assez bien combinée cependant pour éviter le dégoût que produit la monotonie. A moins d'être atteint de boulimie, nul ne se lève de table ayant encore faim : que l'on en juge. Le matin, le premier déjeuner, qui se fait à huit heures, est composé d'une soupe grasse ou d'une tasse de café au lait ; à onze heures et demie, un plat de viande, un plat de légumes et du dessert ; à six heures, le dîner, qui comprend une soupe, de la viande, des légumes et du dessert ; le vendredi, on sert des repas gras et des repas maigres ; une fois par semaine à la viande on substitue de la triperie et de la charcuterie ; une fois par mois il y a de la volaille et du lapin ; du 15 avril au 15 septembre, la volaille est remplacée par du lapin qui, deux fois par mois, reparaît sur la table ; les desserts sont divisés de façon qu'un plat sucré alterne régulièrement avec du fromage ; le pain et le vin sont en quantité suffisante. On ne donne pas de café noir ; l'assistance publique, gardienne et gardienne jalouse du bien des pauvres, manquerait à ses devoirs si elle distribuait des superfluités à ses administrés ; elle ne peut donc leur accorder certaines « douceurs » qui satisfont plutôt la gourmandise que l'appétit ; mais elle les met à leur disposition moyennant une rétribution qui couvre précisément les frais d'achat et de fabrication. La « demi-tasse, » accompagnée de trois morceaux de sucre taillés à la mécanique,[1] fournie par « la crédence » de la maison, est livrée en échange d'un « cachet » qui coûte 0 fr. 10 et que l'on achète à l'économat. J'ai bu de ce café et je l'ai trouvé irréprochable, un peu faible, mais sincère et pur de tout alliage suspect. On en fait, je crois, une assez grande consommation. Pendant que j'étais chez l'économe, un pensionnaire est venu chercher vingt « bons ; »

____

1 Le sac de sucre pesant net 500 grammes doit réglementairement contenir trente-trois morceaux.

nous avons échangé un coup d'œil, puis un salut ; nous nous étions fortuitement rencontrés il y a une dizaine d'années.

Sur le couloir large et clair qui donne accès à la cuisine et à la salle à manger s'ouvre la salle de bains. Je crains qu'elle ne soit pas aussi fréquentée qu'il conviendrait. Quelques vieillards, à la maison Galignani et ailleurs, ignorent ou ont oublié le bénéfice hygiénique que procurent les ablutions complotes souvent répétées ; indifférence chez les uns, paresse chez les autres, négligence issue de la pauvreté et conservée par habitude, tout cela rend la salle de bains trop souvent déserte. C'est là un mal préjudiciable aux pensionnaires ; un article ajouté au règlement pourrait facilement y remédier : le bain de rigueur au moins une fois par mois n'aurait rien d'excessif et ne serait pas attentatoire à la liberté individuelle ; la bonne tenue de soi-même et la santé n'en seraient que meilleures.

Près de la salle de bains, j'entre dans l'infirmerie divisée en deux parties distinctes, quoique mitoyennes. A chaque sexe une chambre et deux lits. Ma première impression est celle de la surprise : quoi ! quatre lits seulement et deux chambrettes pour 100 pensionnaires ; c'est bien peu, c'est bien étroit. Une seconde de réflexion me ramène à des idées plus justes. Les malades ne sont conduits à l'infirmerie que dans les cas exceptionnellement graves, lorsqu'ils exigent des soins de toute minute et une médication attentivement surveillée ; ce n'est, du reste, qu'en rechignant qu'ils se voient forcés d'abandonner leur chambre où ils sont chez eux, dans leur *home*, au milieu des objets qui leur appartiennent ; ils ne consentent à se laisser transporter à l'infirmerie qu'à la dernière extrémité et c'est pourquoi je n'y ai vu qu'une vieille femme repliée sur elle-même, écroulée dans un fauteuil et presque impotente. Son siège est accoté à la fenêtre qui prend jour sur le couloir : elle regarde passer les gens de service et c'est sa seule distraction. Trois fois par semaine, à jours fixes, un médecin vient se mettre à la disposition des pensionnaires qui pourraient avoir à le consulter ; mais au premier appel, il doit accourir et accourt, car il est attaché à la maison, quoiqu'il n'y demeure pas. Une petite pharmacie, munie des médicaments usuels par la pharmacie générale des hôpitaux, a suffi jusqu'à présent à soulager les rares malades auxquels le médecin a donné ses soins. Il faut croire que le régime est bon et que les prescriptions de l'hygiène sont rigoureusement observées, car malgré l'influenza, qui, au cours de l'hiver dernier, a fait mourir tant de personnes faibles à Paris et a fauché parmi les vieillards, la maison Galignani n'a compté que deux décès depuis qu'elle a été inaugurée au mois de juillet 1889.

A côté de l'infirmerie, en face de la pharmacie, une petite porte close est surmontée de l'inscription : communauté. Je sonne, on m'ouvre : robe grise, vaste cornette ; je reconnais les sœurs de Saint-Vincent-de-Paul, filles de la charité. Pour les 100 pensionnaires, elles ne sont que 5 ; ce n'est pas beaucoup, mais c'est assez, car elles se multiplient et je ne crois pas qu'un seul des services qui leur sont confiés soit jamais resté en souffrance. Il ne leur a pas fallu longtemps pour être appréciées et respectées, même par ceux qui, au début, clignaient de l'œil et souriaient en les voyant passer, comme il convient à des esprits forts dont l'intelligence est faible. Il est possible, — c'est une simple supposition, — que dans ce refuge ouvert à la vieillesse appauvrie, un blessé de la vie ait demandé asile après avoir essayé de tout, même de, la violence, après avoir marché sur bien des chemins, même sur celui de la révolte. Peut-être a-t-il traversé des jours de folie furieuse et dans la surexcitation des passions perverses a-t-il, lui aussi, juré haine aux « curés » et crié : « A bas les nonnes ! » que pense-t-il aujourd'hui, dans l'apaisement de la faiblesse et du grand âge, lorsqu'il se voit soigné, dorloté comme un enfant par ces jeunes femmes dont le costume jadis le mettait en fureur ; lorsque, s'accusant en leur présence, il s'entend dire : « Bast ! vous avez été moins méchant que vous ne croyez, et puis, à tout péché miséricorde ! » Il ne dort bien que si, le soir, il a été bordé par elles ; il s'attendrit à les voir alertes et gaies, d'esprit large et s'empressant, avec un zèle égal, auprès de ceux qui appartiennent à leur communion, de ceux qui leur sont hostiles, de ceux qui rejettent Dieu qu'elles reconnaissent. Il s'étonne ; toutes ses idées préconçues sont bouleversées ; quoi ! dans le vieillard, dans le malade, elles ne cherchent que la caducité et la souffrance qu'elles veulent secourir ; elles ne sont qu'infirmières. Il n'en revient pas, et lui, qui, autrefois, eût fermé les couvents et dispersé les communautés, il dit : « Faut-il que l'administration soit bête d'avoir « laïcisé les hospices ! » L'opinion du brave homme est juste, et cependant elle porte à faux. « L'administration » a subi une nécessité qu'elle n'a pas créée. En la matière, elle n'est que pouvoir exécutif ; la puissance législative appartient au conseil municipal, qui en mésuse et fait de la bienfaisance avec ses opinions politiques ; il tient les cordons de la bourse, ce qui lui permet d'imposer sa volonté, si peu équitable qu'elle soit. Sous peine de mort, l'assistance publique doit s'incliner ; où trouverait-elle les 18 millions de « subvention pour dépenses ordinaires » qu'elle reçoit tous les ans et sans lesquels elle serait forcée de fermer ses hôpitaux, de supprimer les secours qu'elle distribue aux indigents et de renvoyer à la rue les enfants trouvés qu'elle y a ramassés. C'est ainsi que la question a été posée : dès lors il a fallu obéir, et l'on obéira, malgré que l'on en ait, jusqu'à ce que l'esprit du conventicule qui gouverne les finances de la ville de Paris soit modifié.

Sans interroger les pensionnaires, qui s'appellent volontiers les galignaniens, il est facile de constater les sentiments religieux dont la plupart sont animés, car la maison possède une chapelle. Le vicaire d'une paroisse voisine, faisant fonctions d'aumônier, vient, tous les matins, à six heures y dire la messe pour les filles de chanté ; douze pensionnaires, dont deux hommes, y assistent régulièrement ; le dimanche, l'office est suivi avec recueillement par les deux tiers du personnel hospitalisé ; c'est une sorte de petite solennité pour laquelle on se met en frais de toilette. Les âmes sont-elles ferventes ? Je ne saurais le dire, mais il est certain que la prière leur est bienfaisante, qu'elle leur apporte l'espérance d'une vie future sans misère ni douleurs et qu'elle les attendrit en leur rappelant les années de l'enfance où tout était doux, pur et facile, où tout était blanc comme le voile de la première communion. Pour une communauté composée de cinq personnes et pour des pensionnaires si peu nombreux, pas n'était besoin d'avoir une chapelle vaste et monumentale, ce qui est un rêve auquel bien des congrégations ont sacrifié plus qu'il n'aurait fallu. La chapelle de la maison de retraite est précisément ce qu'elle doit être, étroite, proprette, bien éclairée ; l'estrade de l'autel ajuste assez de place pour que le prêtre puisse s'y mouvoir selon les rites ; les chaises en paille y sont pressées les unes contre les autres ; point de luxe, nul ornement inutile ; rien n'y distrait l'attention ; on ne vient là que pour prier, et l'on prie.

Je ne dirai rien de la lingerie, placée sous la direction d'une sœur qui excelle à ranger les serviettes, les draps et le reste en dessins symétriques figurant des losanges, des triangles et des chevrons ; usage un peu puéril où se complaisent les femmes consacrées à la vie religieuse et que j'ai constaté dans toutes les communautés, dans toutes les congrégations que j'ai visitées. Le linge est en forte toile, trop forte même lorsqu'elle est neuve, et dont les pensionnaires ne sont point contons, car elle est rèche aux vieilles épaules et pénible aux cous ridés. Il faut qu'elle ait subi plusieurs lessives avant de s'assouplir et d'acquérir un épiderme assez doux pour n'être point désagréable à l'épiderme humain. Là aussi, comme ailleurs, on préférerait le linge de coton, mais la résistance lui manque, il s'use trop rapidement et devient pour l'administration une surcharge de dépense devant laquelle on est contraint de reculer. Entre l'obligation de rester dans les limites d'un budget déterminé et l'envie de faire mieux pour satisfaire des exigences parfois légitimes, on reste bien souvent frappé d'impuissance. C'est pourquoi on est réduit à adopter une règle uniforme, formulée par l'expérience et dont, sous peine de déficit, on ne peut se départir. Ce qui est permis à un particulier, responsable seulement vis-à-vis de lui-même, est interdit à une administration responsable des deniers qui lui ont été confiés et qui ne lui appartiennent pas. Les pensionnaires feront donc bien de prendre patience et d'attendre avec résignation que les blanchissages aient affaibli la rudesse du linge réglementaire.

Les dégagements sont nombreux, bien conçus, et semblent disposés pour faciliter la fuite et le sauvetage, en cas d'incendie ; les escaliers sont amples, éclairés par de larges baies ; les degrés n'ont rien de pénible à gravir ; je ne leur reprocherai que d'être trop cirés, trop glissants, comme l'on dit, pour des pieds qui n'ont plus la sûreté de la jeunesse. Depuis que je visite les maisons hospitalières, c'est la première fois que j'aperçois un ascenseur, qui est réservé à l'usage des malades, des débiles et des impotents. Un long corridor prenant directement jour sur le chemin de ronde dessert toutes les chambres et ménage à chacune d'elles une sortie particulière ; de cette façon les pensionnaires sont isolés et peuvent se retirer chez eux, libres et sans contact aux heures de tristesse, de malaise, de souvenir ou de repos. A l'extrémité de chacun des couloirs, un des servants de l'Assistance publique a sa chambre où il passe la nuit et où aboutissent les sonneries placées près de chaque lit ; le garçon est lui-même en correspondance électrique avec la communauté, à laquelle il communique immédiatement le numéro de la chambre d'où l'appel est parti ; de la sorte, en cas de maladie subite, le secours est pour ainsi dire instantané. Une sorte d'armoire, dont la porte n'est jamais fermée, contient un filtre Pasteur fournissant une eau purgée de tout élément nuisible qui reste à la disposition des pensionnaires. En face de chaque porte un coffre solide est adhérent à la muraille et ressemble assez exactement au meuble qu'au collège nous appelions une baraque ; c'est là que l'on dépose les bûches qu'achètent les pensionnaires ou que l'administration leur accorde dans une proportion déterminée.

Deux fois j'ai visité la maison, vers le milieu de la journée, et j'ai été frappé du calme profond qui y règne ; s'il y a quelque animation dans la partie consacrée aux services généraux, il n'on est plus ainsi dès que l'on pénètre dans les corps de logis réservés aux pensionnaires. On dirait l'hôtellerie de *la Belle au Bois dormant* ; les couloirs sont déserts, nul bruit n'en trouble le silence ; si derrière les portes closes, quelque existence s'agite, c'est une existence discrète, assourdie et sans relations avec les choses extérieures : cela donne l'impression d'une sorte d'apaisement crépusculaire, qui est bien l'atmosphère morale d'une maison de retraite.

III. — LES CHAMBRES.

On s'est conformé au texte du testament de William Galignani, car chaque pensionnaire a la jouissance d'une chambre à coucher et d'un cabinet, formant un tout complet et indépendant. Elles sont toutes pareilles, ces chambres, et cependant l'on peut dire que, si elles se suivent, elles ne se ressemblent pas. Mêmes proportions, mêmes dispositions dans la bâtisse, mais dans l'aménagement des objets mobiliers, que de différences ! On pourrait les parcourir les unes après les autres, lorsque les pensionnaires sont absents, et reconnaître au premier coup d'œil les habitudes, sinon le caractère, de ceux qui en font leur demeure. Chacun y a mis son empreinte qui est comme un témoignage, ou tout au moins comme un indice de sa vie passée. Lorsque ces témoignages sont nombreux, ils dénoncent et permettent de reconstituer une existence entière ; même dans les chambres garnies des meubles uniformes de l'Assistance publique, on aperçoit promptement des nuances essentielles qui sont une révélation. Dans la façon dont le lit est fait, dans l'ordre ou le désordre qui règne parmi les ustensiles usuels, dans la manière dont les vêtements sont suspendus au porte-manteau ou jetés au hasard sur les chaises, dans certaines provisions de bouche, — harnois de gueule, disait Jacques du Fouilloux, — placées sur les planches étagères du cabinet de toilette, on peut faire des observations qui équivalent à des confidences. Il en est ainsi partout, dans les maisons où les hospitalisés ont des appartenions particuliers. Seule dans les logements réservés aux religieux et aux religieuses des communautés, la simplicité des chambres reste muette jusqu'au mystère. Cela m'a singulièrement frappé, lorsque autrefois j'ai entr'ouvert la cellule des sœurs de Saint-Paul et des frères de Saint-Jean, de Dieu ; Qui habite là ? Une paysanne ou une marquise ; un docteur ès sciences ou un ancien soldat ? Il serait impossible de le deviner.

Si les chambres que l'Assistance publique a munies de lits, de tables, de commodes, de chaises exécutées sur le même modèle ; dans les écoles professionnelles entretenues par la préfecture de la Seine, sont peu discrètes, on peut dire que celles que les pensionnaires ont meublées avec les débris, — épaves ou sélection, — de leur mobilier d'autrefois, sont bavardes sans mesure. Elles racontent l'histoire avec pièces à l'appui. Elles sont un document que l'on ne peut récuser. Un canapé en tapisserie fanée, une carpette élimée devant un lit où brillent encore quelques ornements en cuivre doré, une armoire à glace en palissandre déverni, une pendule à sujet représentant Paul et Virginie à l'ombre d'un pamplemousse, des flambeaux abrités sous un globe, nous reportent à des splendeurs passées qui florissaient vers la fin de la restauration ou sous le gouvernement de juillet.

Sur la muraille d'une de ces chambres, qu'égayait alors un rayon de soleil, j'ai vu de petits tableaux qui n'étaient point mauvais, paysages de l'école classique avec ruines et bergers jouant de la flûte aux pieds de leurs bergères ; sujets de genre inspirés par la Gaule poétique de Marchangy et imités de Louis Ducis, dont le *Van Dyck peignant son premier tableau*, et le *François Ier à Chambord*, méritaient le suffrage de tous les gens de goût, ainsi que l'on disait lorsque le comte de Forbin était directeur général des musées royaux. A côté de ces toiles vieillottes qui semblent peintes par des troubadours en rupture de guitare, je me suis arrêté à regarder des miniatures dont quelques-unes, fines et colorées, ne sont point sans valeur. Ce sont des portraits, portraits de famille ; ceux dont elles offrent l'image ont glorifié leur nom parmi les lettrés de leur temps ; ils ont écrit des livres que l'on consulte encore ; les premiers, ils ont versé la lumière des investigations sérieuses, confirmées par de longs voyages, sur une des plus glorieuses époques de l'histoire chrétienne. Leur vie a été laborieuse, honorable entre toutes et si désintéressée que la maison Galignani s'est ouverte avec empressement devant une personne qui appartient à leur postérité directe.

Dans une autre chambre, j'ai avisé une miniature qui doit avoir été peinte par un bon élève d'Isabey père : portrait de jeune fille. La chevelure d'un blond de miel est disposée en coques surélevées au sommet de la tête et en boucles, — « en anglaises, » — le long des joues ; le Iront est ceint d'une ferronnière, les épaules sont à peine dissimulées par la mousseline d'un canezou blanc ; l'expression est charmante, éclairée par l'azur de deux yeux très limpides, avivée par le sourire d'une bouche rosée et adoucie par un ovale trop parfait pour n'avoir pas été un peu rectifié ; l'ensemble est d'une grâce exquise et le visage a dû être un des plus jolis que l'on pût voir. Je causais avec la pensionnaire qui avait bien voulu me permettre de pénétrer dans son appartement. Je lui trouvais je ne sais quel air de ressemblance avec le portrait que j'avais longuement regardé ; elle avait l'air d'être la trisaïeule de la fillette que j'avais admirée. Je crus être fort poli en lui disant : « N'est-ce point votre fille, madame ? » D'un ton fort sec elle me répondit : « Non, monsieur, c'est moi. » Je n'ajoutai pas un mot et je me retirai en saluant.

Elles sont instructives, ces chambres où le pensionnaire seul, libre, loin des regards, reprend instinctivement ses vieilles habitudes ; dans le même corps de bâtiment, au long du même couloir, porte à porte peut-être, on trouve « la mansarde » du bohème qui s'est usé dans les brasseries et « le boudoir » de la petite-maîtresse que l'âge n'a point corrigée et qui minaude encore malgré la sciatique et la surdité. Là, mieux qu'ailleurs, on peut reconnaître que l'homme reste semblable à lui-même, sans s'apercevoir que l'âge produisant sur lui, en quelque sorte, l'effet d'un microscope, rend ses défauts plus nets, plus gros et plus apparents. Heureusement que nous ne nous voyons pas tels que nous sommes et que nous pouvons continuer à mécontenter les autres en restant satisfaits de nous. C'est une grâce d'état et une des plus précieuses qui nous aient été accordées.

Outre le jardin, suffisamment spacieux, où l'on se promène parfois de compagnie, où l'on peut s'asseoir pour causer des neiges d'antan, les pensionnaires ont des salles de réunion qui les groupent selon leur convenance. Un fumoir, sur la table duquel je vois un jacquet, m'a paru peu fréquenté ; il est juste de dire que les journées étaient tièdes, au renouveau qui entrouvrait les bourgeons des marronniers, et que deux ou trois fumeurs avaient préféré se promener solitairement dans les allées. Le salon de réception, commun à tous et à toutes les pensionnaires, n'est guère occupé que le soir. Il est conforme au goût actuel : blanc et or, meublé de sièges en velours rouge ; aux murailles les portraits des frères Galignani ; les tables de jeu permettent des parties de piquet, de whist, d'échecs ; je crois que le tric-trac est banni comme trop bruyant et de nature à gêner les conversations ; le salon est précédé d'une véranda qui fait office de salle d'été et où l'on aime à passer les soirées pendant la saison chaude. L'installation est excellente, presque luxueuse, et bien des familles bourgeoises, riches, aimant leurs aises, n'ont point un salon pareil. Dans certaines circonstances on y offre des fêtes : concerts, saynètes, monologues. Il est question, je crois, d'y donner une représentation théâtrale ; on jouera une pièce qui jadis a eu un succès retentissant ; si l'auteur désire surveiller les répétitions, rien ne lui sera plus facile, car il habite la maison.

En communication avec le salon s'ouvre la salle de lecture, de style simple et d'aspect recueilli. Sur les tables, je vois une cinquantaine de journaux quotidiens, de journaux illustrés, qui sont envoyés, à titre courtois, par les directeurs ou les gérants des recueils périodiques, qu'il convient de remercier, car ce « service gratuit » est une aubaine, justement appréciée par les pensionnaires auxquels les nouvelles du jour ne sont point indifférentes et que la politique agite encore quelquefois, ce qui prouve qu'ils ne sont pas tous arrivés à la sagesse parfaite. C'est dans la salle de lecture que l'on a placé la bibliothèque, contenue dans deux meubles munis de vitrage et fermés à clé. Elle n'est point à dédaigner, car elle est composée de deux mille volumes qui, au jour de l'inauguration, ont été le don de joyeux avènement offert par le Cercle de la librairie. Tous les volumes sont revêtus d'une reliure uniforme, frappée des armes de l'association des libraires et des imprimeurs, placées près du timbre de la maison de retraite. Les pensionnaires peuvent emprunter les livres, les emporter dans leur chambre, mais ils doivent les restituer au bout d'un mois. Le bibliothécaire est un ancien libraire que j'ai connu, il y a quelques années, directeur-gérant d'une des librairies les plus sérieuses et les plus estimées de Paris. L'impression et la surprise sont toujours pénibles lorsque l'on rencontre dans un tel établissement, si relativement riche qu'il soit, des personnes que l'on a vues jadis en situation prospère, actives au travail et déployant une intelligence que les destins n'ont point récompensée.

A l'époque où M. Husson, qui fut membre de l'Institut, était directeur de l'Assistance publique, pour laquelle il a tant fait, l'interdiction de fumer était presque générale dans les maisons hospitalières ; je me rappelle mon étonnement en lisant sur les murs des galeries de Bicêtre : défense de fumer ; cela prouvait simplement qu'il n'aimait pas le tabac. On est plus tolérant aujourd'hui, et nul ne paraît s'en plaindre. A la maison Galignani, les salles où la vie en commun est obligatoire sont seules réservées, ce qui n'est que correct. « Il est interdit de fumer au réfectoire, au salon et à la bibliothèque. » C'est l'article 39 du règlement qui le dit ; car il y a un règlement, on ne s'en douterait guère, tant il est doux et paternel ; il n'a rien d'étroit ; il ne fait qu'assurer la régularité du service et l'ordre nécessaire à un groupe de personnes vivant ensemble. La discipline générale, telle qu'elle est pratiquée, ressemble singulièrement à la liberté complète. Je ne vois de restrictions que sur trois points : ne pas entretenir d'animaux dans les logements ; ne pas se livrer à des occupations pouvant troubler les voisins ; ne point poser des pots de fleurs sur les fenêtres. A sept heures du matin en hiver, à six heures en été, les pensionnaires peuvent sortir et doivent être rentrés à six heures, sauf autorisation du directeur qui jamais n'est refusée. Une exception est faite pour les galignaniens auxquels leurs infirmités ne permettraient pas de sortir seuls, sans péril pour eux-mêmes. Si un pensionnaire a l'intention de découcher, il doit en avertir la direction en ayant soin d'indiquer le nom et l'adresse d'une personne qui, au besoin, pourrait donner de ses nouvelles en cas d'accident ou de maladie subite. Parmi les pensionnaires, il en est qui ont des amis ou des parents habitant la campagne et par lesquels ils peuvent être invités à aller en villégiature ; il suffit de demander un congé pour l'obtenir, mais ce congé ne doit pas dépasser une durée de trois mois ; quant aux visites, elles sont autorisées tous les jours d'une heure à cinq heures.

Certes, ce règlement est large et va au-devant de toutes les exigences, mais on l'a rendu plus libéral encore et on l'applique avec une élasticité qui est l'inverse de la rigueur. Aux heures réglementaires, on ajoute les quarts d'heure de grâce, au pluriel, et toute latitude est laissée aux visiteurs et aux pensionnaires sortis. L'économe, chargé de la direction, veille à la bonne tenue de la maison, il pourvoit, dans la mesure du budget qui lui est alloué, aux besoins et à la satisfaction des pensionnaires, il réprimerait tout désordre, s'il s'en produisait ; mais comme il ne s'en produit jamais, il ne s'occupe point de savoir si les visites, si les promenades sont plus ou moins prolongées. C'est de l'administration intelligente et courtoise. Il a, je crois, porté l'épaulette et il a compris qu'une maison de retraite ouverte à des personnes qui ont fait quelque figure dans le monde n'a rien de commun avec une caserne. Le cas est rare, digne d'éloges, et c'est pourquoi je l'ai signalé.

L'article 20 du règlement dit que « les pensionnaires doivent tenir leur chambre avec la plus grande propreté. » Pour plusieurs octogénaires, fatigués, la tâche de faire le lit, de balayer le parquet, de secouer le tapis, d'épousseter les meubles, serait au-dessus de leurs forces. Dans cette bonne maison où l'on n'est point condamné aux travaux forcés, on a commisération de la débilité et même de la paresse ; les rues voisines de Neuilly et de Levallois-Perret ne manquent pas de femmes de ménage qui viennent le matin allumer le feu des pensionnaires, au besoin les aider à s'habiller, et, en deux tours de main, mettre leur chambre en bon état. C'est aux intéressés à débattre le gage mensuel ; la direction ne s'en mêle jamais. Elle trouve légitime que des personnes, payant une pension de 500 francs, aient le droit de se faire servir et de s'épargner une corvée qui, probablement, ne leur était point familière autrefois. Permettrait-on aux pensionnaires de Galignani d'avoir un domestique personnellement attaché à leur service, comme l'on en accorde l'autorisation aux pensionnaires de Sainte-Périne ? Je ne crois pas.

Peut-on être heureux dans la maison du boulevard Bineau ? Oui, certes. Y est-on heureux ? Je n'en sais rien. Le 22 juillet 1889, lorsque la fondation des frères Galignani fut solennellement inaugurée en présence de M. Peyron, directeur de l'Assistance publique, de M. Whitelaw-Reid, ministre des États-Unis d'Amérique, des délégués de l'Académie française, des présidents du Cercle de la librairie, des chambres syndicales des imprimeurs typographes et des imprimeurs lithographes, M. Poubelle, préfet de la Seine, prononça un discours auquel répondit une harangue de deux pensionnaires qui rivalisèrent d'émulation pour témoigner leur reconnaissance à la mémoire des bienfaiteurs et pour célébrer les vertus particulières de l'Assistance publique. M. Poubelle riposta, et, spirituellement, constata que pour la première fois il venait d'entendre des administrés faire l'éloge de l'administration. — Eh ! vous êtes bien pressé, monsieur le préfet, ayez quelque patience. — « Tout nouveau, tout beau ; » le proverbe a raison. On s'accoutume à tout, on se dégoûte de tout, même de ce que l'on a désiré avec ardeur. C'est la loi commune, elle est dure, elle paraît injuste, mais elle n'est que naturelle et il est rare que l'on y échappe. Partout où j'ai regardé, — et j'ai regardé dans bien des maisons hospitalières, — je l'ai constatée non pas sans tristesse, mais sans surprise. Il n'est pas besoin d'interroger ceux qui sont entrés dans leur dernier refuge, il suffit, pour deviner ce qu'ils pensent, de voir l'expression de leurs yeux et l'amertume de leur sourire. Les âmes bien pondérées se réjouissent d'être au repos, les indolents se résignent, les cœurs ulcérés se révoltent. Ceux-là souffrent et sont à plaindre, ils subissent la tyrannie de leurs instincts que le malheur a exaspérés. Ce travail de décomposition de la joie d'abord éprouvée ne se fait pas en un jour. C'est par la répétition des mêmes exercices, par la régularité imposée à la vie, par la monotonie de l'existence, par l'uniformité de la règle, par les prescriptions qui pèsent sur la volonté, même lorsqu'elles ne sont pas mises en vigueur, que peu à peu les sentiments se modifient et parfois s'irritent jusqu'à l'acuité.

Lorsque l'on dit adieu à la misère, que l'on n'est plus obligé d'être en quête d'une nourriture problématique et d'un gîte incertain,

lorsqu'après des jours d'attente et d'angoisse, on entend, — enfin !
— se reformer la porte de la maison où l'on mange, où l'on dort
dans un vrai lit, où l'on n'a pas froid, où l'on est soigné si l'on est
malade, quel soupir de soulagement, quel cri de gratitude, quelle
action de grâce involontaire et comme jaillie du cœur ! c'est là le
premier mouvement, dont Talleyrand recommandait de se méfier,
parce qu'il est ordinairement bon. Il s'affaisse, il s'éteint bientôt,
parce que l'exaltation n'a point de durée chez la créature humaine.
A la joie, — au bonheur, — des premiers jours et de la délivrance
succède l'ennui propice aux observations disgracieuses qui
s'accumulent, se concentrent et finissent par former un levain où
fermentent la colère et peut-être le ressentiment du bienfait que
l'on subit comme une humiliation. Alors on s'insurge au dedans de
soi-même et l'on se trouve plus malheureux qu'on ne l'a jamais été.
Une religieuse, supérieure d'une maison d'hospitalité, résumait cet
état d'âme presque général en me disant : — « La progression est
presque constante et peut se formuler ainsi : Ah ! comme on est
bien ! — On n'est pas mal. — On pourrait être mieux. — Quelle
gargote ! » — Je lui demandai : Dans ce dernier cas, que faites-
vous ? — Elle me répondit : « Rien ; nous ne voulons pas nous en
apercevoir. » — Je crois que cette sœur avait raison. J'ai pu faire
entrer un vieillard infirme dans un asile vers lequel il aspirait avec
passion. J'ai conservé ses lettres : — « Grâce à vous, je suis assuré
de mourir en paix ; est-ce que le paradis n'est pas fait comme la
maison où je vais vivre mes derniers jours ? » — Sept mois après,
pas plus, il m'écrivait : — « S'il vous reste quelque sentiment de
pitié, vous m'arracherez à l'enfer où vous m'avez plongé. « Il y a des
exceptions, je me hâte de le dire ; elles sont plus honorables que
l'on ne croit et exigent une victoire intérieure, car les déceptions
de la vanité n'enlèvent rien aux illusions que l'on se fait sur soi-
même. Sous ce rapport, palais ou maison de retraite, c'est tout un.
Voyez les hommes politiques, les auteurs dramatiques, les artistes,
les écrivains dont chaque pas dans la vie, dont chaque tentative a
été une chute, ils n'ont accusé que le public ou la mauvaise fortune,
jamais la pensée ne leur est venue de reconnaître leur incapacité
et d'y croire. On dirait que certains êtres sont nés mécontents ; je
ne sais quelle tare morale les a frappés dès leurs premières heures ;
ils traversent l'existence en maugréant ; rien ne les encourage, tout

les offusque ; aux observations qu'on peut leur adresser pour les calmer, ils répondent invariablement : — « Je n'ai pas de chance ; » ils ne s'aperçoivent pas que les obstacles contre lesquels ils ont butté et qui les ont arrêtés sont, pour ainsi dire, des obstacles intérieurs construits avec les défauts de leur propre caractère que ronge l'envie et qu'atrophie la paresse. Si l'un de ces malheureux, dont le peuple dit qu'ils sont nés sous une mauvaise étoile, est conduit par les fausses routes qu'il a prises jusqu'à la maison hospitalière où il doit terminer ses jours, il n'aura ni reconnaissance, ni satisfaction, ni repos, et il accusera l'administration, quelle qu'elle soit, de toutes les misères qu'il ne devra qu'à sa nature incomplète et tourmentée. Dans son dernier asile, le pauvre homme fera ce qu'il a fait partout et sans cesse : il s'insurgera contre le sort, n'acceptera aucune défaite et n'en sera pas moins toujours vaincu. Les souffrances éprouvées jadis et qu'il avait maudites revêtiront je ne sais quelle douceur dans son souvenir et en se rappelant l'époque où il levait le poing contre le ciel, il dira avec bonne foi : « Ah ! c'était le bon temps. » Il s'hypnotisera lui-même devant les images d'un passé qui fut détestable et qui, aujourd'hui, lui apparaît enveloppé d'un charme attendri qui lui met les larmes aux yeux ; son humeur atrabilaire en augmentera, car il n'aura pas le courage de chasser les pensées menteuses qui le trompent sur sa propre histoire. Pour ces infortunés la parole de Lamartine serait à méditer :

Oublier, oublier, c'est le secret de vivre.

Dans tout asile ouvert aux vieillards, hospice ou maison de retraite, maison religieuse ou maison laïque, maison abondante ou maison réduite à la portion congrue, cet « hospitalisé » existe. Parfois il pourrait nommer le parti de l'opposition ; en style administratif, mais familier, on les appelle « les geignards ; » rien ne les satisfait, ni la discipline, qui est trop dure, ni « la baraque, » qui est mal tenue, ni le lit, qui n'est qu'une paillasse, ni la nourriture, qui est à vomir, ni la sœur de charité, qui est une bigote, ni l'infirmier, qui est un ivrogne, ni l'économe, qui a placé 600,000 francs, — tout le monde le sait, — qu'il a grappillés sur le patrimoine des pauvres. Ces gens-là excellent aux dénonciations, aux lettres anonymes ou signées. A cet égard, je sais à quoi m'en tenir ; je n'ai pas visité une maison hospitalière, pas une, sans recevoir quelque épître calomnieuse dirigée contre ceux qui l'administrent ou l'entretiennent de leurs deniers. Il n'est pas un fonctionnaire de l'Assistance publique, pas un membre des associations charitables religieuses qui ne sache cela. On ferme les yeux, on se bouche les oreilles, car on semble avoir adopté pour devise la maxime de La Bruyère : « Il vaut mieux s'exposer à l'ingratitude que de manquer aux misérables. » Or, je crois avoir démontré, ici même, qu'à Paris c'est aux « misérables » que l'on manque le moins.

Si la maison de retraite des frères Galignani renferme des malheureux si cruellement abandonnés d'eux-mêmes, je ne les ai pas aperçus. Entre les pensionnaires il m'a semblé que les rapports étaient empreints de courtoisie, sinon de cordialité, et que chacun prenait philosophiquement son parti d'avoir à terminer sa vie dans l'aisance, en liberté, sans souci du lendemain et avec tous les soins que peut exiger la vieillesse. Des pensionnaires se sont rappelé le vieux refrain :

Unissons nos deux infortunes,

Nous en ferons peut-être du bonheur.

On a chanté : « Hyménée ! hyménée ! » et un mariage a été conclu auquel nous souhaitons toute prospérité ; mariage de raison, mariage d'inclination ? Je ne sais ; mais mariage civil et mariage religieux, comme il convient entre gens de bonne compagnie. Je ne crois pas que les pensionnaires se soient divisés en coteries, comme cela se voit trop fréquemment dans les maisons de vie en commun ; j'imagine plutôt que, tout en conservant des préférences, l'on fraie sans peine les uns avec les autres, sans morgue et sans distinction d'origine. Cela tient certainement à la liberté dont on jouit, aux sorties fréquentes, aux visites que l'on reçoit, ce qui constitue une sorte de renouvellement dans les relations et permet d'échapper à un contact permanent dont on se fatigue vite. C'est là l'inconvénient majeur des maisons hospitalières trop cloîtrées, dont la porte ne s'ouvre qu'une fois par semaine. On y a rapidement épuisé les ressources de fréquentations, qui sont toujours les mêmes ; l'arrivée d'un nouveau est un événement : on le recherche, on le choie, car il apporte une distraction dont on sera promptement lassé ; on finit par se cantonner dans de petits groupes, où l'on devient exclusif, souvent médisant et parfois hargneux. A la maison Galignani, rien de semblable : les soixante-huit femmes et les trente-deux hommes qui l'habitent sont tous des personnes qui, à des degrés différents, ont reçu de l'éducation ; elles savent ce que l'on se doit entre bons voisins et sont assez instruites pour trouver plaisir à causer entre elles. Cependant, j'ai cru remarquer que la plupart des pensionnaires avaient quelque tendance à l'isolement ; cela ne m'a pas étonné, car ce fait se produit souvent chez les hommes pour qui la vie n'a pas eu de clémence. On n'est réellement réuni qu'en vertu du règlement, qui ramène à heure fixe tous les pensionnaires autour des tables de marbre blanc dans la salle à manger. Le salon, qui est un lieu de relations communes, est presque constamment vide dans le courant de la journée. Le soir, il est rare qu'il contienne plus de vingt personnes ; parfois l'on peut en compter trente, mais le cas est exceptionnel. Les autres, c'est-à-dire les deux tiers de la population normale de la maison, rentrent dans leur chambre après le dîner, ou, si la température est douce, s'assoient à l'écart sur un banc du jardin, regardent les étoiles et murmurent quelque vieil air qui ravive les souvenirs d'autrefois.

La plupart des pensionnaires ont quelques ressources personnelles, — débris d'une aisance détruite, pension, économies, — qui les aident à compléter le bien-être que leur offre la maison. Ils peuvent ainsi augmenter leur provision de bois, se vêtir chaudement et s'accorder quelques-unes de ces « douceurs » qui, pour beaucoup d'entre eux, sont une sorte de satisfaction nécessaire dont la privation est une souffrance. Mais, parmi eux, il en est que la mauvaise fortune a visités trop souvent, a traités avec une dureté constante, ceux-là sont dénués, et « le sou de poche » leur manque. Ils sont peu nombreux, une quinzaine environ. On peut affirmer qu'ils appartiennent tous aux catégories gratuites désignées par l'Académie française, l'Académie des Beaux-Arts, la Société des Amis des sciences, le Cercle de la librairie. Ces malheureux sont très à plaindre et se trouvent, par leur pauvreté même, dans une situation d'inégalité que je voudrais voir cesser. Une allocation quotidienne de 0 fr. 50 suffirait : chiffres ronds, ça ferait un total annuel de 3,000 francs. Si quelque bonne âme trouve sa bourse trop lourde, il y aurait là une bonne occasion de l'alléger. Le don devrait être secret et confié à la discrétion de l'économe ou de la supérieure de la communauté des Sœurs de Saint-Vincent-de-Paul résidant à la maison Galignani.

IV. — LES PENSIONNAIRES.

Entre les pensionnaires admis gratuitement, qui sont meublés, chauffes, éclairés,[1] blanchis, auxquels on ouvre, tous les ans, un crédit de 120 francs dans un magasin de confection, et les pensionnaires payants désignés par l'administration, nulle différence. On ne fait aucune distinction entre eux : les uns et les autres ont droit à la même liberté, à la même nourriture, aux mêmes avantages, aux mêmes égards. Cela est conforme à l'esprit d'égalité, qui doit effacer toute ligne de démarcation dans une maison de retraite. On sait que William Galignani a indiqué, dans son testament, les catégories sociales où devait se recruter le personnel réservé à ses bienfaits. L'Assistance publique a interprété cette obligation avec quelque largeur et elle a inscrit, à l'article 13 du règlement, la clause libérale que voici : « L'administration, s'inspirant des volontés du fondateur, choisit de préférence, pour occuper les chambres payantes, des personnes se trouvant dans les conditions professionnelles exigées pour les chambres gratuites. » Ce « de préférence » ne me déplaît pas ; il entr'ouvre la porte à des infortunes qui, pour n'avoir point frappé des artistes, des libraires, des imprimeurs ou des écrivains, n'en sont pas moins dignes d'être accueillies dans le port où viennent aborder les naufragés des arts, des lettres et de la typographie. Si donc l'on rencontre, parmi les pensionnaires, quelque personne ayant représenté les intérêts de la France à l'étranger ou sortie du monde des offices ministériels, loin d'en être surpris, il convient d'y applaudir.

J'ai sous les yeux la liste des habitants de la maison du boulevard Bineau ; je n'en citerai aucun, si ce n'est, tout à l'heure, celui qui m'y a autorisé. Parmi les femmes, j'en trouve qui ont manié la plume, le pinceau et le burin ; la plupart appartiennent par alliance, par liens de parenté directe ou collatérale, à des familles dont un membre a su se faire un nom connu et parfois célèbre ; plus d'une a été institutrice, plusieurs sont de la Société des gens de lettres ; toutes ont eu leurs heures de satisfaction personnelle, de gloriole

1 Les pensionnaires gratuits reçoivent annuellement 1,200 kilogrammes de bois à brûler et treize paquets de bougie.

et d'hommages. Plaise à Dieu qu'elles soient résignées aujourd'hui et qu'elles ne regrettent pas trop le temps où la vie murmurait à leurs oreilles des promesses que l'adversité a démenties. Quelques-unes, ayant à peine atteint l'âge réglementaire, se montrent très vaillantes, d'esprit alerte et de conception rapide. Au repos, sans souci des besoins matériels, elles sont de loisir ; qu'elles en profitent pour écrire leurs souvenirs avec sincérité, il en pourra résulter un livre qui servirait de sérieux enseignement à celles que solliciterait ce que Bernardin de Saint-Pierre appelle la carrière orageuse des lettres.

Le nom de certains hommes est pour étonner ; il faut que la fortune adverse se soit acharnée contre eux pour ne leur avoir pas apporté ce bien-être de l'aisance, cette *aurea mediocritas* que leur science, leur talent, auraient dû leur assurer. Que leur a-t-il donc manqué ? Aux uns, la bonne tenue extérieure, qui est peut-être plus importante que les facultés supérieures pour faire son chemin dans le monde ; aux autres, la prévoyance, qui épargne et prépare les ressources de la vieillesse. Ce n'est pas toujours la cigale qui chante en la belle saison et qui se trouve dépourvue lorsque la bise est venue. Le savoir de plus d'un pensionnaire a été profond et est resté intact ; les problèmes d'Euler, les propositions d'Euclide ne sont point pour les embarrasser ; certains de leurs travaux sont devenus classiques. Dans leur existence, on n'aperçoit rien que d'honorable ; comment se fait-il que le sentier qu'ils avaient pris, qui devait les conduire en Sorbonne et à l'Institut, ait abouti à la maison de retraite que leurs anciens condisciples et leurs anciens maîtres se sont empressés d'ouvrir devant eux ? « Le talent, le génie même, ne sont que des promesses, a dit Edgar Quinet, il y faut joindre l'étoile : où elle manque, tout manque. » A côté de ces savants, trop absorbés peut-être en leurs conceptions pour avoir pu se défendre contre les embûches de la vie, on pourrait voir les rêveurs, qui ne cherchent plus la pierre philosophale et la poudre de projection, mais qui s'imaginent que rien n'est impossible à la chimie. Si Gulliver, au cours de son voyage à Laputa, les avait rencontrés à l'académie de Lagado, il eût expliqué le problème qu'ils tentent de résoudre. Lorsqu'ils essaient de le faire comprendre à quelques journalistes, leurs voisins de table ou de chambrée, ils n'en obtiennent qu'un sourire et se consolent en pensant que maintenant ils peuvent se livrer tout entiers à leurs combinaisons scientifiques. Qu'on ne les trouble pas ! Ils sont heureux ; c'est un bonheur d'avoir un dada, comme l'oncle Toby.

Dans un couloir j'ai vu passer un vieillard, un octogénaire, d'apparence plus vieille que son âge, affaissé, négligé et comme absent de lui-même. J'ai eu un serrement de cœur, car je l'ai reconnu. Il a eu son triomphe voilà quarante-trois ans, si je ne me trompe. Dans un certain théâtre décoré de blanc et d'or, meublé de velours bleu de ciel, il obtint un succès sans réserve : l'applaudissement fut général, presque sans interruption, pendant trois actes ; son nom fut acclamé ; je puis le dire, j'y étais, et je ne fus pas le moins ardent à battre des mains. Toute fortune, toute renommée, lui étaient promises. Quelques années avant la soirée que je rappelle, il s'était entendu proclamer premier grand prix de Rome en séance solennelle de l'Institut. Il avait été un des pensionnaires de la villa Médicis, il avait joué au disque dans les allées bordées de chênes verts ; il avait rêvé, écoutant ses chants intérieurs, sur le petit banc de marbre mystérieux dont Ernest Hébert a fait un si joli « portrait ; » sa première messe en musique a été exécutée en l'église de Saint-Louis-des-Français, et sa jeune tête, ceinte de lauriers précoces, a pu sans crainte se tourner vers l'avenir. Il avait la gaîté surabondante et la verve intarissable, travailleur énergique, du reste, et, par une sorte de contradiction avec sa fougue naturelle, composant des mélodies dont la mélancolie délicate charmait l'oreille et remuait les cœurs. Aujourd'hui que Rossini, Auber, Boïeldieu et tant d'autres que nous persistons à admirer, voient leurs chants disparaître sous l'ouragan mathématique du wagnérianisme, il est probable que les paisibles harmonies auxquelles je fais allusion paraîtraient surannées ; il ne m'en chaut : en 1847, on s'en délectait. La musique de l'avenir étant toujours dans l'avenir, il n'est point interdit d'aimer encore la musique du passé.

Pendant que j'écris ces lignes, mon souvenir murmure les airs du vieux compositeur que j'ai aperçu dans la maison de retraite ; je n'en ai point non plus oublié les paroles : « Hélas ! qui m'aimera, qui calmera ma peine ? » C'était Mlle Lavoye qui chantait cela, d'un timbre agréable et pur ; on aimait mieux l'écouter que la regarder, car on oubliait qu'elle n'était point jolie. Et la romance : « Il faut, en amour, craindre les discours, » que Mlle Lemercier, jeune, fraîche, charmante, disait avec une grâce spirituelle, pendant que Félicien David, assis aux stalles d'orchestre, la suivait attentivement des yeux, et que Berlioz, secouant sa crinière de lion, regardait Scudo d'un air farouche. Comme tout cela est loin ! Il me semble parfois que je parle d'un monde disparu, englouti sous une succession de cataclysmes, que j'aurais habité dans des existences antérieures et dont seul j'ai gardé la mémoire. Elle est moins oubliée qu'on ne pourrait le croire, cette œuvre musicale que jadis je suis retourné entendre bien des fois. L'an dernier j'étais dans une ville d'eaux du grand-duché de Bade, assis près de l'orchestre de la terrasse donnant accès au Casino. Aux premières mesures qui frappèrent mon oreille, je tressaillis : on jouait l'ouverture que j'avais applaudie peu de temps avant la révolution de février.

De tous les hommes qui se consacrent à l'art, celui que je plains le plus, celui dont les débuts sont le plus pénibles, dont la vie n'est souvent qu'une lutte sans cesse renouvelée, accablée de longues attentes et nourrie de déceptions, c'est le compositeur de musique ; l'écrivain a les journaux qui s'ouvrent devant lui sans trop de difficultés ; le peintre n'a pas d'obstacles insurmontables à vaincre pour être admis aux expositions annuelles ; il est rare que l'architecte ne trouve pas quelque maison à bâtir ; le sculpteur peut se faire connaître par une simple statue en plâtre ; mais pour arriver à faire représenter un opéra écrit sur un livret convenable, pour rassembler les instruments et les voix, pour obtenir les décors, les costumes, la mise en scène, pour décider un directeur à aventurer une somme qui parfois dépasse 100,000 francs, il faut intriguer, batailler pendant des années, se contenter de promesses fallacieuses, subir les exigences personnelles des acteurs et être réduit souvent à des à-peu-près d'exécution qui amoindrissent l'œuvre et lui enlèvent son ampleur. Et lorsque la grande soirée est enfin arrivée, lorsque le rideau se lève sur le drame lyrique d'où toute une existence peut dépendre, on s'aperçoit que le public attend avec impatience le moment où dans le ballet, arbitrairement intercalé, les danseuses vont enfin montrer leurs jambes.

J'en connais, d'un talent de premier ordre, qui ont gardé, pendant vingt-cinq ans, un opéra, un chef-d'œuvre, au tiroir, avant de pouvoir le faire jouer, — à l'étranger. Bien des braves gens, fort honnêtes du reste, qui méprisent les fauvettes parce que l'on ne peut pas faire d'omelette avec leurs œufs, disent : « Pourquoi ne font-ils pas autre chose ? » Parce qu'ils ne le peuvent pas ; parce que l'on aura beau enter sur un dattier une greffe de pommier à cidre, l'arroser d'eau tiède et le fumer de fruits secs, il portera toujours des dattes ou mourra.

Ce grand-prix de Rome n'est pas le seul à la maison Galignani ; j'en sais un autre qui a manié l'ébauchoir, pétri l'argile et taillé le marbre. Récemment il a été rejoint par un camarade d'atelier auquel n'ont point manqué les récompenses, même les plus hautes, que l'on décerne après les expositions. Tous deux, en se promenant dans les allées, ou en agitant les cornets du jacquet sur la table du fumoir, pourront, non sans orgueil, énumérer leurs œuvres, compter celles qui sont dans le jardin du Luxembourg et dans celui des Tuileries, celles que gardent les musées, celles que les particuliers montrent avec complaisance. Ni les travaux, ni la réputation ne leur ont manqué, plus d'un artiste inférieur a regardé vers eux avec convoitise et a envié leur sort ; les aspirants statuaires en parlaient et peut-être ont rêvé de les égaler ; l'âge est venu, traînant son cortège de misères, enlaidissant l'existence et la rendant difficile ; la maison Galignani s'est offerte, et les deux artistes, dont le nom a été si souvent prononcé avec éloge par les journaux, si souvent proclamé par le jury des récompenses, ont accepté le gîte où ils ont trouvé la sécurité de leur vieillesse. Si, par hasard, en un jour de spleen, ils accusent la destinée, qu'ils se souviennent des amertumes dont les dernières années de Pierre Puget ont été abreuvées.

Qui peut se vanter d'avoir vu un homme heureux ? fut-ce ce Babouck qui n'avait pas de chemise et dont Charles Nodier a raconté l'histoire ? Je crois l'avoir rencontré et avoir longuement causé avec lui dans le jardin de la maison Galignani. Il porte gaillardement ses quatre-vingt-huit ans, qu'on ne lui donnerait guère, car son esprit est d'une jeunesse extrême, vif, prompt à la riposte, pénétré d'indulgence, et d'un optimisme qui n'est pas du tout « fin de siècle, » comme l'on dit aujourd'hui. C'est plus qu'un philosophe ; c'est un sage ; il ne reproche rien à l'existence, il estime qu'elle lui a été douce et que la tranquillité, l'absence de préoccupation dont il jouit, méritent sa gratitude. Je le nommerai, car il me l'a permis ; on pourrait lui appliquer le mot que M. -J.

Chénier a dit de Laujon : « Il a conservé l'habitude d'être aimé en ne perdant pas celle d'être aimable. » C'est Paul-Aimé Laurencin, qui lut un des auteurs dramatiques les plus applaudis de son temps. *Ma femme et mon parapluie* est un vaudeville dont la gaîté, pour ne pas dire la cocasserie, provoque un rire irrésistible ; je l'ai vu jadis, pendant quelque congé du collège, vers 1835, et je me souviens encore avec quelle verve Vernet, déjà vieux et fatigué, enlevait son rôle, dont le comique était d'une incomparable drôlerie. Cette pièce n'a point disparu du répertoire ; récemment elle a été jouée, le même jour, à Saigon et à Batignolles ; les droits d'auteur aux « extrêmes se touchent ; » la plaisanterie n'est pas de moi. M. Laurencin en a ressenti quelque fierté, car une pièce de théâtre qui tient l'affiche encore cinquante-cinq ans après la première représentation, n'est point chose commune. C'est surtout par *Ma femme et mon parapluie* qu'il est connu, mais dans son bagage dramatique, qui est considérable, on rencontre bien des œuvres dont le titre n'est pas oublié : Brelan de maris ; *l'Abbé galant,* où Bouffé déployait tant de finesse ; *Paris qui pleure et Paris qui rit* ; *Peau d'âne,* cette féerie charmante qui, renaissant toutes les fois qu'une direction théâtrale est en dénuement, a été jouée plus de 1,200 fois ; *Amour et Patrie,* dont l'émotion est profonde ; *Mathilde ou la jalousie,* un grand succès et cent autres, qui ont fait la joie de la génération à laquelle j'appartiens.

Né au mois de janvier 1802, d'après ce qu'il m'a dit lui-même, il est actuellement le doyen des auteurs dramatiques et le doyen des journalistes, cardes 1829 il collaborait au *Corsaire,* qui fut un des petits journaux aigus et lancinans de la fin de la restauration. Il a été le parrain du *Charivari,* qu'il a baptisé, c'est lui qui en a trouvé le nom ; il l'a pour ainsi dire fondé avec Philippon, dont le crayon inventa la fameuse poire, célèbre pendant toute la durée du règne de Louis-Philippe, et avec Louis Desnoyers, l'auteur de *Jean-Paul Choppart* et des *Béotiens de Paris,* un des meilleurs chapitres du *Livre des cent et un,* sur lequel le libraire Ladvocat a vainement tablé pour reconstituer sa fortune. Il est aussi le doyen des directeurs de théâtre ; en 1832, il était le général en chef de la troupe du Gymnase dramatique ; en revanche, il n'est que vice-doyen à la maison Galignani, un de ses co-pensionnaires est plus âgé que lui. Cette retraite ne lui a point été proposée, il est venu la chercher, il y paye pension ; c'est le loyer de son repos, je dirai même de son contentement ; il s'y plaît, il en apprécie les avantages et il en chante les louanges : ceci n'est pas une métaphore :

Connaissez-vous Galignani ?

Non ? — Eh bien ! sans aucun mystère

Bien mieux je le proclame ici,

Galignani C'est le paradis sur la terre.

Tel est le refrain d'une chanson qui célèbre le bien-être de la maison, la libéralité des fondateurs, la reconnaissance qui leur est due, « les vertus divines » des filles de la charité et jusqu'aux attraits d'un « joyeux trente-et-un. »

M. Laurencin ne se contente pas de chanter, il prêche d'exemple. Sa satisfaction, dans bien des cas, est communicative, et plus d'un de ses compagnons a repris courage rien qu'à le regarder vivre. A la maison Galignani, comme ailleurs, comme partout, il est des heures de découragement qui, sans motifs apparents, sonnent pour les âmes même les plus résolues. A ceux qui subissent ces défaillances passagères, M. Laurencin apporte le secours de sa bonne tourneur et de sa philosophie. — « La porte que vous avez franchie en entrant n'est point fermée, elle reste ouverte et vous pouvez sortir. Où irez-vous ? Dans quelle mansarde d'un sixième étage installerez-vous votre gêne et votre solitude ? Que nous manque-t-il ici ? Les lits sont bons, les chambres sont amples, la nourriture est réconfortante, les médecins sont à vos ordres, la liberté est complète, la société n'est point déplaisante et, dès que le ciel est pur, le soleil illumine notre jardin ; nul souci matériel ne peut plus nous atteindre ; les seuls inconvénients dont vous ayez à vous plaindre sont ceux de l'âge, ils vous paraîtraient bien plus durs et vous en seriez tout à fait accablés si vous aviez à les supporter dans l'isolement, dans l'abandon d'une demeure étroite, sans jour et sans feu. Restez, et, pour vous donner de la vaillance, songez à ceux qui, aussi vieux que nous, n'ont pas eu la bonne fortune de trouver asile dans la maison bénie où nous sommes et sur la porte de laquelle on devrait inscrire le titre d'une comédie de Shakespeare : tout est bien qui finit bien. » En l'écoutant, plus d'un a dit : « Vous avez raison » et a senti son cœur se raffermir. Ce bien moral qu'il répand autour de lui, M. Laurencin n'en est pas avare, il n'a qu'à puiser en lui-même, et, comme le personnage d'une de ses comédies, il peut s'écrier : « Mes moyens me le permettent…. » — « Regarde bien au dedans de toi, disait Marc-Aurèle, il y a une source qui jaillit toujours, si tu creuses toujours. » Hommes de lettres, journalistes, romanciers, auteurs dramatiques, artistes de l'ébauchoir, de la brosse et du burin, femmes ayant vécu dans des milieux intelligents, se retrouvent dans la maison de retraite ; cela constitue une bonne compagnie à laquelle ne manquent point les ressources intellectuelles et où il doit être facile, sinon agréable de vivre ; si l'on réussit à y éviter les discussions politiques toujours aigres, souvent acrimonieuses, je ne connais pas d'endroit meilleur et plus propice à la vieillesse appauvrie. Au temps de mon enfance, j'ai entendu chanter un couplet dont j'ai retenu ces deux vers :

Pégase est un cheval qui porte

Les grands hommes à l'hôpital,

Ceux qu'il dépose aujourd'hui dans la retraite où je viens d'introduire le lecteur peuvent louer les dieux immortels et, comparant leur sort à celui de leurs prédécesseurs, s'estimer heureux, non pas d'avoir eu une vie pénible, mais de posséder enfin un repos qui durera jusqu'à l'instant où toutes les misères de notre triste monde sont oubliées. Qu'il me soit permis de rappeler qu'un des plus grands libraires qui ait étalé son luxe à la fin de la restauration et aux débuts de la dynastie de juillet, est mort à Bicêtre et que sa femme s'est éteinte sur des grabats de la Salpêtrière. Quel adoucissement à leur sort, quel calme pour leur fin, si la maison Galignani eût existé de leur temps !

L'idée qui a présidé à cette fondation est si généreuse que je ne puis m'empêcher de croire qu'elle sera féconde. Est-ce que dans notre bon pays de France, laborieux, riche et bienfaisant, plus vivant que jamais, malgré les blessures reçues, est-ce que dans notre nation qui s'ingénie à secourir les misérables, qui jamais n'a refusé son offrande à la souffrance et à la débilité, est-ce que chaque corps de métier, chaque maîtrise d'états, comme l'on disait jadis, ne devrait pas avoir sa maison de retraite pour les vieillards affaiblis, pour les blessés du travail, pour les victimes des accidents inhérents à l'industrie ? Les invalides civils, auxquels le gouvernement provisoire de 1848 s'était platoniquement intéressé, pour être moins mutilés, n'ont pas moins lutté, n'ont pas eu moins à souffrir que les invalides militaires. Il y a encore autre chose que la gloire des armes pour illustrer un grand pays ; nous n'en pouvons douter, car nous l'avons souvent prouvé. Les soldats des victoires pacifiques, de ces triomphes sans larmes qui sont l'honneur même de l'humanité, ont droit, eux aussi, à la reconnaissance et à la protection contre les brutalités de la vie au déclin. Grave question qui se posera un jour d'une façon menaçante, à laquelle il est bon de penser et que l'initiative privée, — individuelle ou collective, — devrait, dès à présent, essayer de résoudre.

L'exemple a déjà été donné. Au siècle dernier, M. de La Rochefoucauld fonda, en mars 1781, une maison d'environ deux cents lits destinés à des officiers, des ecclésiastiques, des magistrats vieillie et indigents. Malheureusement, la révolution survint, qui s'empara de cet asile et en fit d'abord un hôpital de district, puis une succursale des incurables ; aujourd'hui c'est un simple hospice pour la vieillesse ; la destination première n'a pas été relevée. L'hospice de la Reconnaissance, dont la population est actuellement de 814 personnes, a été créé à Garches, en 1828, par Michel Brezin, ancien entrepreneur de fonderies et de forges. Par testament, il consacra une somme considérable à l'établissement d'un asile exclusivement réservé aux anciens ouvriers forgerons, mécaniciens, serruriers et « autres travailleurs du marteau qui l'avaient aidé à augmenter sa fortune. » Enfin, Olympe Descuillers, qui était si belle qu'Horace Vernet la choisit pour modèle de sa *Judith* et qui épousa Rossini, a installé dans les dépendances de Sainte-Périne, à Auteuil, une maison où sont recueillis, hébergés et défrayés, « les artistes chanteurs français et italiens âgés et infirmes des deux sexes. » Cinquante personnes y vivent aujourd'hui à l'abri du besoin. Si à ces chanteurs et à ces forgerons on ajoute les frères de la doctrine chrétienne de Fleuri-sous-Meudon, les prêtres de l'infirmerie Marie-Thérèse dont Mme de Chateaubriand fut la plus ardente zélatrice, les pensionnaires de la maison des frères Galignani, on reconnaîtra qu'il reste beaucoup à faire.[1]

Si, en France, l'État est sans cesse assailli de demandes d'emploi, si toutes les administrations publiques sont encombrées au point

---

1 Je ne parle que de Paris, j'ignore ce que la province fait pour ses ouvriers vieillis, indigents et valétudinaires.

d'être une cause d'embarras pour le budget, si le fonctionnarisme est devenu une sorte de maladie envahissante et périlleuse, c'est qu'au bout d'un certain nombre d'années de service on est assuré d'une pension qui, si médiocre qu'elle soit, empêche de mourir de faim et de dormir à la belle étoile. On fait une retenue sur les émoluments des officiers, des employés civils, afin de pouvoir leur constituer une pension de retraite ; c'est au mieux, quoique pour beaucoup d'entre eux cette retenue soit une cause de gêne et de privations souvent plus pénibles que l'on n'imagine. Cette mesure légitime, faite de prévoyance et d'humanité, qui est si bien passée dans nos mœurs qu'elle ne soulève aucune objection, ne pourrait-on la généraliser et ne pourrait-elle être le résultat d'une libre entente individuelle ? *Incedo per ignes.* Tant de projets sont en l'air à ce sujet, en France et en d'autres endroits, qu'un de plus n'est point pour m'effrayer. Puisque l'on opère une retenue sur le traitement, — bien maigre, — de pauvres diables qui en subsistent à peine, pourquoi les grandes industries n'en feraient-elles pas une sur leurs bénéfices, afin de fonder des maisons de retraite pour les ouvriers qui « les ont aidées à augmenter leur fortune ? » c'est le mot de Michel Brezin. Comment se fait-il que les industries du fer, du bois, du drap, du papier, que celles de l'imprimerie, de la librairie, que toutes celles, en un mot, qui ont versé sur notre pays d'incalculables richesses, que les « grands magasins » qui ont porté un coup mortel à la classe si intéressante des petits négociants dont les fils ont été souvent la vaillance de l'armée, l'intégrité de la magistrature, la probité des offices ministériels, l'intelligence des professions libérales, comment se fait-il que toutes ces cornes d'abondance se soient reversées sur elles-mêmes et n'aient point laissé écouler, chaque année, quelque somme proportionnelle à leurs gains, que l'on aurait capitalisée et qui aurait servi à la construction de vastes maisons où le repos eût été offert à ceux qui l'ont mérité par une longue vie de travail ?

Il serait bon que l'initiative fût prise par les chefs mêmes de l'industrie, car si, sous la pression de nécessités redoutables, c'est l'État qui impose la mesure, il le fera, selon l'usage presque constant, sans souplesse et dans des proportions excessives. Que l'on se souvienne de la révolution du 24 février 1848, faite pour obtenir ce que l'on nommait alors l'adjonction des capacités, c'est-à-dire l'extension du droit de vote. Le premier soin du gouvernement provisoire fut la proclamation du suffrage universel, qui, d'emblée, engloba toutes les capacités et même toutes les incapacités. Il est à craindre que les questions d'économie sociale ne soient résolues de la sorte, si des réformes ne sont pas adoptées par les personnes les plus intéressées à la conservation de la grande industrie, c'est-à-dire par les grands industriels.

Peut-être ne suis-je qu'un vieil homme halluciné par son rêve, mais je me figure que les relations parfois si aiguës entre ouvriers et patrons s'adouciraient, si quelque sacrifice était consenti en vue de fondations consacrées à la vieillesse indigente ; je m'imagine que l'ouvrier aurait de moins âpres revendications, qu'il manierait son outil avec plus de courage, qu'il resterait plus fidèle à son atelier, qu'il se méfierait moins de ceux qui guident son labeur, si, au bout de sa vie active, comme récompense due à sa collaboration et à son assiduité, il apercevait une maison de retraite où il pourra vieillir sans misère et mourir en paix.

ISBN : 978-1721734184

www.ingramcontent.com/pod-product-compliance
Lightning Source LLC
Chambersburg PA
CBHW070224260726

48658CB00006BA/2149